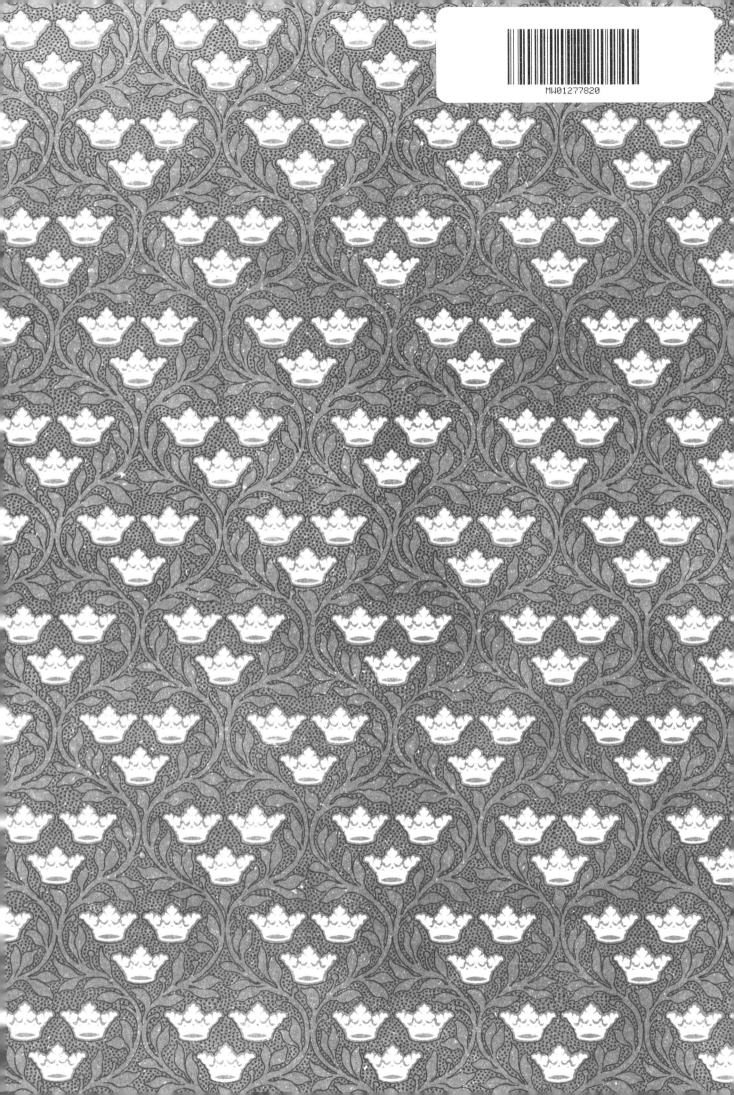

Det kungliga året
1998

Kung Carl Gustaf tackar publiken för hyllningarna på
Skansen i Stockholm. Bilden togs på nationaldagen
den 6 juni.

King Carl Gustaf thanks the people at Skansen for their expressions of affection.
The picture was taken on 6 June, Sweden's National Day.

Sveriges kungliga familj julen 1997.

The Swedish royal family, Christmas 1997.

BOBBY ANDSTRÖM

Foto

ERHAN GÜNER

Det kungliga året 1998

NATUR OCH KULTUR

Bilden ovan är tagen den 6 juni 1998 och den stora till höger den 19 september 1973 när kronprins Carl Gustaf utropades till Sveriges konung. Tjugofem år har förflutit mellan dessa två bilder – ett kvarts sekel i Sveriges historia.

The above picture was taken 6 June 1998 and the large one to the right 19 September 1973 when Crown Prince Carl Gustaf was proclaimed King of Sweden. Twenty-five years separate these two pictures - a quarter of a century of Swedish history.

Following pages:
National Day 1998 was a memorable occasion. King Carl Gustaf, Princess Madeleine, Princess Lilian, Queen Silvia and Prince Carl Philip together with Speaker of the House Birgitta Dahl cheerfully acknowledge the congratulations of the audience following the turns and sketches given on the stage of Solliden. The picture to the left shows the royal couple arriving at Skansen.

KUNG CARL GUSTAF 25 ÅR PÅ TRONEN

Under senare år har svenska folket med eftertryck visat hur mycket man uppskattar och omhuldar kungahuset och dess medlemmar med kung Carl XVI Gustaf i spetsen. Den första stora manifestationen ägde rum 1996 när kungen fyllde 50 år. Han hyllades då med en makalös uppslutning av familj, släktingar och vänner i Sverige liksom av landets medborgare i allmänhet.

1998 års stora händelse har varit kung Carl Gustafs 25-årsjubileum som Sveriges regent. Av praktiska skäl firades tilldragelsen i samband med nationaldagen den 6 juni. Det verkliga tronskiftet var den 15 september 1973, när kungens farfar Gustav VI Adolf avled på Helsingborgs lasarett och den unge kronprinsen fick tillträda som Sveriges kung och statschef.

Årets tjugofemårsjubileum bekräftar trenden. Sveriges kung är populär och hans och drottning Silvias ställning i Sveriges representativa ledning är ohotat stark.

Blickar man tillbaka och erinrar sig de dramatiska dagarna i september 1973 är det nästan overkligt att det har gått ett kvarts sekel sedan kungens överadju-

tant, riksmarskalken Stig H:son Ericson, på lasarettstrappan i Helsingborg meddelade att gamle kungen stilla insomnat. När Carl Gustaf trädde ut på samma trappa utbringade någon i skaran utanför ett leve för den nye konungen, som försiktigt log och nickade ett vänligt tack.

– När jag ser tillbaka på de tjugofem åren som Sveriges kung, kan jag konstatera, att det varit ett mycket händelserikt kvartssekel, sade kung Carl Gustaf i sitt tal på Solliden på nationaldagen. 1973 var på många sätt ett dramatiskt år. Min farfar kung Gustaf VI Adolf gick ur tiden och lämnade ett stort tomrum efter sig, i familjen och i nationen.

1998 års nationaldags olika arrangemang i Stockholm följdes av stora skaror människor som valt att besöka slottet, generöst öppnat på vid gavel denna historiska dag. Man kunde njuta av prakten i salar och gemak och gavs tillfälle att se bl a Bernadottebibliotekets skatter och Gustaf III:s antikmuseum. Många köade också för att på nära håll njuta av den blågula blomsterprakten på Logården. I tre- eller fyrdubbla led kantade man Stockholms gator för att få se den

1998 års upplaga av nationaldagsfirandet blev ett minnesrikt evenemang. Kung Carl Gustaf, prinsessan Madeleine, prinsessan Lilian, drottning Silvia och prins Carl Philip, samt talman Birgitta Dahl längst till vänster, tog glatt emot hyllningarna efter muntrationerna på Sollidenscenen. På bilden tv anländer kungaparet till firandet av Sveriges nationaldag.

kungliga kortegen dra förbi i den soliga försommarkvällen. Minst 150 000 människor var i rörelse på nationaldagen.

Första direktkontakten med kung Carl Gustaf fick publiken på yttre borggården vid lunchtid då den praktfulla vaktavlösningen skedde. Under hela ceremonien stod kungen uppmärksam och tog del av skådespelet med alla soldater och hästar vackert skrudade. Från ett fönster i slottet följde drottning Silvia med prinsessan Madeleine och prinsessan Lilian turerna. Kronprinsessan Victoria saknades i familjeskaran eftersom hon valt att stanna kvar på sitt universitet i USA för att fullfölja viktiga studier. Kung Carl Gustaf var påtagligt rörd över den hyllning som gavs på yttre borggården.

I Storkyrkan samlades man senare till gudstjänst, då även prins Carl Philip anslutit, för att lyssna till biskop Caroline Krook som valt att tala om S:t Göran och draken. Vid detta tillfälle uppfördes också ett musikdramatiskt verk på samma tema med text av Caroline Krook och musik av Sven-David Sandström.

På eftermiddagen blev det sångarhyllning på slottet av Stockholms körsångarförbund som bjöd på kända svenska sånger. Senare blev det avfärd för kungafamiljen i kortege med häst och vagn till Solliden.

I regel brukar kungaparet dela upp nationaldagsfirandet i två delar – ett besök i landsorten och kvällshögtidligheter vid Sollidenscenen på Skansen. I år frångicks denna tradition.

Årets version av skansenfirandet blev en glad tillställning med en lång rad av artister. Kungligheterna möttes på Solliden av talman Birgitta Dahl, ordförande i stiftelsen Sveriges Nationaldag. På scenen uppträdde bl a Loa Falkman, Lasse Lönndahl, Carola och Orup. Primadonnan Kjerstin Dellert sjöng sin succé "Ljuva Carl Gustaf", det medryckande Emil Norlanderstycke som hon också framförde på Operan kvällen före kungaparets bröllop 1976. Skansenpubliken slöt upp i omkvädet och kungaparet skrattade och tackade stående artist och publik för ett särskilt glatt inslag i underhållningen.

När kungen och drottningen inte kom till landsorten denna gång, kom representanter för landets kommuner till Stockholm och den stora fest som kungen bjudit till. Drygt två tusen personer från hela landet fyllde på kvällen två våningar på slottet för att hylla kung Carl Gustaf. Det blev ett storartat kalas som lär vara det största som anordnats på slottet i modern tid – ett "bondetåg" i nutida tappning. Nöjda folkrepresentanter lät sig väl smaka av den middagsbuffé som hovtraktör Werner Vögeli hade ställt samman av tre sorters lax, rökt lamm, kycklingsallad, renstek från Lappland, sparris från Skåne och andra delikatesser. Till allt detta kunde man dricka det röda vinet Chateau Bernadotte.

Av samstämmiga vittnesmål efter kalaset framgick att alla var glada över att ha fått se det öppna slottet och möta kung Carl Gustaf och drottning Silvia. Sannolikt har skaran av rojalister fått ett starkt tillskott bland de representanter för Sveriges kommuner som var med den historiska kvällen.

Vid solens nedgång blåstes tapto på Norrbro och ett hav av människor fick höra kung Carl Gustaf än en gång tacka för en "varm och fin hyllning" från folket.

Presidentbesök från Österrike, Ryssland, Italien och Argentina

Det kungliga året 1998 har för övrigt följt känt mönster med statsbesök och deltagande i olika arrangemang. I september kom Österrikes president Thomas Klestil på besök och i december klev Rysslands omstridde ledare Boris Jeltsin in i Sveriges officiella liv. Särskilt uppmärksammad vid detta besök blev kronprisessan Victoria som tog den ryska björnen med storm och visade sina talanger som representativ kunglighet.

I maj kom Italiens president Oscar Luigi Scalfaro till Stockholm på officiellt besök och ett par veckor senare Argentinas president Carlos Menem med dottern Zulema. Sedvanlig pompa och ståt uppvisades och Stockholms slott levde upp för några dagar.

I november gjorde kungen och drottningen ett besök i London för att sprida glans över den Carl Larsson-utställning som blev en succé i den brittiska huvudstaden. Kungaparet såg utställningen tillsammans med drottning Elizabeth och prins Philip. Det råder ingen tvekan om att utställningen kan klassas som en svensk framgång och att Carl Larssons verk gjorde stort intryck på engelsmännen.

Kronprinsessan Victorias hemkomst

Kronprinsessan Victoria har under året stått mycket i massmedias strålkastarljus och påfrestningarna blev tidvis så stora att familjen och prinsessan själv bestämde att börja sina universitetsstudier i USA i stället för i Uppsala, som ursprungligen var tänkt.

Kronprinsessan kom dock hem till sin 21-årsdag den 14 juli. Den firades traditionsenligt i Borgholm på Öland där hon omgavs av samma värme och entusiasm som familjen i övrigt. På plats i centrum var en imponerande samling idrottsstjärnor och Victoria mottog alla uppvaktningar på ett strålande sätt. Det märktes tydligt att tiden i USA gjort henne gott. Vi hoppas nu att hon med full energi kan återgå till sina representationsplikter och vikariera som statsöverhuvud när pappa kungen är förhindrad. I detta arbete kan också brodern prins Carl Philip delta – han har redan prövat på statschefsplikterna. Det kan också var värt att nämna att Carl Philip under året klarade det italienska Vasaloppet, sex mil mellan Moena och Cavalese, med god spänst. I startlistan var han anmäld som Karl Johansson.

Engagemang mot våldet och drogerna

Livet för Sveriges kungliga familj har haft många andra viktiga inslag under året. I början av juni reste drottning Silvia till New York för att tillsammans med bl a USA:s president Bill Clinton tala på FN:s konferens om världens knarkproblem. De är båda starkt engagerade i kampen mot droger.

Familjen värnar om det uppväxande släktet och kungen och drottningen tar del i debatter om tidens frågor. Båda gör stora ansträngningar för att motarbeta det droglelaterade våld som förekommer bland dagens unga.

– Med ett utökat samarbete över gränserna växer möjligheterna att lyckas, sade kung Carl Gustaf när han i sitt tal på nationaldagen berörde knarkproblemen. Vid samma tillfälle kom han också in på flyktingfrågor och invandringspolitik.

– Många människor från andra länder har, framför allt efter andra världskriget, av olika skäl sökt sig till vårt land. Under de tjugofem år som jag varit Sveriges statschef har över en halv miljon människor från andra länder blivit svenska medborgare. Det är allas vårt ansvar att nya svenskar verkligen känner sig välkomna och att Sverige är deras hemland.

– I samband med ett jubileum är det naturligt att minnas och blicka tillbaka. Men viktigare är att försöka se framåt. Demokratin är i dag mera spridd i världen än någonsin tidigare i mänsklighetens historia. De stora och överskuggande hoten inför framtiden ligger, som jag ser det, i riskerna för miljöskador av olika slag. Alla sorters investeringar i förbättringar av vår yttre miljö är därför viktiga och nödvändiga, inte enbart för oss utan framförallt för kommande generationer.

Med anledning av nationaldagen och kungens 25 år på Sveriges tron ordnades ett jättekalas på Stockholms slott med inte mindre än två tusen gäster med den kungliga familjen som festens huvudpersoner. Här ser vi kungaparet, prinsessan Lilian och prinsessan Madeleine och prins Carl Philip på väg till gudstjänsten i Storkyrkan tidigare på dagen.

To mark Sweden's National Day and the King's 25 years on the throne of Sweden an enormous party was given at Stockholm Palace for more than two thousand guests with the royal family as the principle participants. The picture shows the royal couple, Princess Lilian, Princess Madeleine and Prince Carl Philip on their way to a divine service in Stockholm Cathedral earlier in the day.

Kung Carl Gustafs 25-årsjubileum som regent fick en magnifik final på kvällen den 6 juni. Tapto blåstes på Norrbro och kungen tackade folket för en varm och fin hyllning. Vid kungens sida står drottning Silvia.

King Carl Gustaf's 25th anniversary as regent was given a magnificent finale on the evening of 6 June. The tattoo was sounded from Norrbro and the King thanked the people for their warm and sincere tribute. Queen Silvia stands at his side.

CARL GUSTAF – 25 YEARS A KING

In recent years the people of Sweden have shown with growing emphasis how much they appreciate and cherish the royal family headed by King Carl XVI Gustaf. The first big manifestation of this was in 1996 when the King celebrated his 50th birthday. On that occasion he was heartily congratulated by his family, relatives, friends in Sweden and the Swedish people in general.

The major event in 1998 was King Carl Gustaf's 25th jubilee as Sweden's sovereign and head of state. For practical reasons this was celebrated on 6 June in conjunction with Sweden's National Day. The demise of the crown actually occurred 15 September 1973, when the King's grandfather Gustaf VI Adolf died at Helsingborg General Hospital and the youthful Crown Prince assumed his duties as Sweden's king and head of state.

The rising trend in popularity was reaffirmed during this year's 25th jubilee celebrations. The King of Sweden enjoys great popularity, and together with Queen Silvia holds an indisputably strong place in Sweden's representational leadership.

Looking back and recalling the dramatic days of September 1973 it is difficult to believe that a quarter of a century has passed since the King's chief aide-de-camp, Lord Chamberlain Stig H:son Ericson, announced from the steps of Helsingborg General Hospital that the old King had died peacefully. When Carl Gustaf took his place on the same steps someone in the gathering outside the hospital raised a cheer for the new regent, who smiled discreetly and nodded his gratitude.

"When I look back on my 25 years as the King of Sweden I realise that it has been a very eventful quarter of a century", said King Carl Gustaf in his National Day speech at Solliden. "In many ways 1973 was a dramatic year. My grandfather King Gustaf VI Adolf passed away leaving a great void in both the family and the nation".

The various events staged in Stockholm during this year's National Day celebrations caught the interest of the many people who chose to visit Stockholm Palace, which had been thrown open in commemoration of this historic day. They were able to enjoy the grandeur of the various halls, chambers and apartments and see the treasures of the Bernadotte library and the Gustaf III Museum of Antiquities. Many stood in line to enjoy at close quarters the blue and yellow splendour of the Logården flower beds. People lined the streets of Stockholm up to four deep to watch the royal procession pass by in the glorious early summer evening. At least 150,000 people were out and about on National Day.

People got their first direct glimpse of King Carl Gustaf in the outer courtyard of the palace at lunch time during the changing of the guard. He stood and watched attentively during the entire ceremony and followed the manoeuvres performed by the soldiers in their grand uniforms and the horses in their ornamental trappings. Queen Silvia, Princess Madeleine and Princess Lilian watched the proceedings from a palace window. Crown Princess Victoria was not present on this occasion, as she had chosen to remain at her university in the U.S. A. and continue with her advanced studies. King Carl Gustaf was noticeably moved by the tribute he received.

Joined now also by Prince Carl Philip, the group gathered for a service in Storkyrkan held by Bishop Caroline Krook who spoke about St. George and the dragon. A musical drama on the same theme, with lyrics by Caroline Krook and music by Sven-David Sandström, was performed at the same time.

As a rule the royal couple divide the National Day functions into two parts – one consisting of a visit to somewhere in the provinces and the other the evening celebrations on the stage of Solliden at Skansen – but the tradition was broken this year.

In the afternoon there was a choral tribute at Stockholm Palace by the Stockholm Union of Choirs who sang well known Swedish songs. The royal family later left for Solliden in a horse-drawn procession.

This year's version of the Skansen celebrations was a joyful event in which a number of entertainers took part. The members of the royal family were met at Solliden by the Speaker of the House, Birgitta Dahl, who also heads the Swedish National Day Foundation. Those who performed on the stage included Loa Falkman, Lasse Lönndahl, Carola and Orup. Prima donna Kjerstin Dellert sang the hit song "Sweet Carl Gustaf" by Emil Norlander, which she first sang at the Stockholm Opera on the eve of the royal wedding in 1976. The Skansen audience joined in the refrain, while the laughing royal couple stood and gave both the singer and the audience their thanks for a particularly jolly number in the evening's entertainment.

Since the King and Queen did not make a visit in the provinces this year, representatives of the various provinces journeyed to Stockholm to take part in the festivities offered by the King. More than two thousand visitors from all over the country filled two floors of the palace to cong-ratulate King Carl Gustaf. It was a truly magnificent party and probably the biggest arranged at the palace in modern times - almost a latter-day version of the former "Peasants' Pilgrimage". Satisfied representatives of the Swedish peo-ple enjoyed the buffet dinner composed by court chef Wer-ner Vögeli which included three salmon dishes, smoked lamb, chicken salad, roast reindeer from Lappland, aspa-ragus from Scania and other delicacies, all washed down with Chateau Bernadotte claret.

After the party everyone agreed that they were glad to have had the opportunity of seeing the inside of the pala-ce and of meeting King Carl Gustaf and Queen Silvia. The number of royalists among the provincial representatives was presumably boosted quite considerably on this histo-ric evening. The tattoo was sounded from Norrbro at sun-set and hordes of people heard King Carl Gustaf express his thanks once again for the "warm and fine tribute" he was given by the people.

Presidential visits from Austria, Russia, Italy and Argentina

In general the royal family's year followed the customary pattern of state visits and participation in various other events. President Thomas Klestil of Austria paid a visit in September, while Russia's controversial President Boris Jeltsin stepped resolutely into Swedish public affairs in De-cember. Crown Princess Victoria in particular attracted much attention during this visit, taking the Russian bear by storm and demonstrating her skill as a royal representati-ve.

President Oscar Luigi Scalfaro of Italy arrived in Stock-holm on an official visit in May and was followed two weeks later by Argentina's President Carlos Menem and his daughter Zulema. There was the usual pomp and pa-geantry and Stockholm Palace came to life for a few days.

In November the King and Queen went to London to shed lustre on the Carl Larsson exhibition which was a gre-at success in the English capital. The royal couple viewed the exhibition in the company of Queen Elizabeth and Prince Philip. There is no doubt that the exhibition can be regarded as a Swedish success or that the works of Carl Larsson made a great impression on the British people.

Crown Princess Victoria's Homecoming

During the year Crown Princess Victoria has been very much in the media limelight, and the strain was occasio-nally so great that the royal family and the Princess herself decided that she should start her university studies in the U.S.A. instead of Uppsala as originally planned.

However, the Crown Princess came home for her 21st birthday on Öland, where she was received with the same warmth and enthusiasm as the rest of the family. There was an impressive gathering of stars from the sporting world in the town centre and Victoria received many congratula-tions and tributes with her usual flair. It was quite obvious that her time in the U.S.A. had done her a lot of good. It is to be hoped that with undiminished energy she will be able to resume her representational duties and take her place as head of state in the eventual absence of her father King Carl Gustaf. Her brother Prince Carl Philip may now also share this function and has in fact already performed the duties of head of state. It is also worth mentioning that in 1998 Carl Philip completed the Italian 36-mile ski race from Moena to Cavalese in fine style. He was recorded in the list of competitors as Karl Johansson.

Involvement in the Fight against Violence and Drugs

There have been many other events in the lives of the Swe-dish royals so far in 1998. In early June Queen Silvia went to New York where together with among others America's President Bill Clinton she spoke at the U.N. conference on global drug problems. They are both heavily engaged in the fight against drugs.

The royal family is keen to safeguard the welfare of fu-ture generations and both the King and Queen take part in debates on contemporary issues. They make great efforts to combat drug related violence among today's youth.

"The prospects of success improve with increased in-ternational co-operation", said King Carl Gustaf when he touched on the drug problem in his National Day speech. He also referred to the refugee question and immigration policy at the same time.

"Particularly since the Second World War, many people have for different reasons found their way to our country. In the 25 years during which I have been Sweden's head of state more than half a million people from other countries have been granted Swedish citizenship. It is up to each and every one of us to ensure that the new Swedes really feel welcome and that Sweden is their homeland".

"When celebrating an anniversary it is natural to remi-nisce, to look back, but it is more important to try to look ahead. Democracy is more widespread in the world today than at any other time in history. As I see it the major overshadowing threats for the future lie in the risk of cau-sing environmental damage of various kinds. All kinds of investments and improvements in our environment are therefore important and necessary, not only for ourselves, but above all for future generations".

Prinsessan Madeleine har mest synts i ridsportsammanhang som framstående ryttarinna. Men denna "lillflicka" har firat sin 15-årsdag och deltagit i konfirmationsläger i Medevi. Konfirmationen ägde rum i Vadstena klosterkyrka under närvaro av föräldrarna kung Carl Gustaf och drottning Silvia samt storasyster kronprinsessan Victoria.

Princess Madeleine is usually seen at equestrian events as an accomplished horsewoman, but the "little lass" has now celebrated her 15th birthday and attended confirmation classes at Medevi. The confirmation itself took place in the monastery church at Vadstena in the presence of her parents King Carl Gustaf and Queen Silvia and her big sister Crown Princess Victoria.

En av konfirmationens höjdpunkter var det roll-
spel som prinsessan Madeleine och hennes kamra-
ter deltog i.

Kronprinsessan Victoria och drottning Silvia var
för dagen klädda i eleganta dräkter och vidbretta-
de hattar.

*One of the highlights of the confirmation was the play in which Princess
Madeleine and her fellow confirmees took part.*

*Crown Princess Victoria and Queen Silvia wore suits and wide-
brimmed hats for the occasion.*

16

Kronprinsessan och sagodrottningen

1997 valdes författarinnan Astrid Lindgren till Årets svensk i världen. Priset, som kronprinsessan Victoria hade fått uppdrag att dela ut, överlämnades vid en ceremoni i Astrids värld, sagomuseet Junibacken på Djurgården i Stockholm. Det var vid detta tillfälle som författarinnan, när hon hörde prismotiveringen, utbrast: "Ni har glömt att jag är döv, halvblind och heltokig. Och den har ni gjort till Årets svensk i världen. Vi måste se till att ingen får veta detta..."

THE CROWN PRINCESS AND
THE FAIRY-TALE QUEEN

The authoress Astrid Lindgren was voted International Swede of the Year in 1997. The prize was presented by Crown Princess Victoria at a ceremony in Astrid's world, the fairy-tale museum Junibacken at Djurgården in Stockholm. It was on this occasion that she exclaimed: "You've forgotten that I'm deaf, half blind and quite crazy – and you've voted me this year's International Swede. Let's see that nobody hears about it. ..."

"Det blir nog en fin drottning av dig ska du se", sa Astrid Lindgren till Victoria och klappade henne rart på kinden. Mötet ägde rum på Junibacken på Djurgården i Stockholm.

"You'll make a fine queen, you'll see", said Astrid Lindgren to Victoria and patted her affectionately on the cheek. The meeting took place at Junibacken at Djurgården in Stockholm.

Det är god tåga i svenska ungdomar. Det visade ett glatt gäng i Norsjö, Västerbotten, som bjudit in kronprinsessan Victoria för att berätta om sin situation och sina drömmar om att en dag få ett meningsfullt arbete. Norsjöungdomarna hade åstadkommit ett tänkvärt program och även tagit humorn till hjälp. Kronprinsessan skrattade hjärtligt åt de lyckade skämten som också blandades med allvar. Evenemanget bevakades av ett stort pressuppbåd.

Swedish youngsters are made of good stuff. This was illustrated by a happy group in Norsjö, Västerbotten, who had invited Crown Princess Victoria to a humorously provocative play in which they portrayed their situation and their dreams of one day getting meaningful jobs. The Crown Princess laughed heartily at the jokes, which often had a serious undertone, and the media gave the event wide coverage.

MUSEE OLYMPIQU
LAUSANNE

Kronprinsessan får allt större rutin i sina representa-
tionsuppdrag, även på det internationella planet. Bland
annat har hon besökt de olympiska gudarna i Lausanne
och utanför Olympiska museet där avtäckt konstnären
Carl Fredrik Reuterswärds kända antivåldssymbol i gju-
ten brons. På vänster sida ses Victoria tillsammans med
olympiarörelsens överhuvud Antonio Samaranche i själ-
va avtäckningsögonblicket. På stora bilden håller kron-
prinsessan sitt anförande och bland dem som lyssnar
märks konstnären själv i främsta ledet och Olof Sten-
hammar, som kämpade för att ge Sverige en sommar-
olympiad.

*The Crown Princess is gaining more and more routine in
performing her representational duties also on an international
level. These include a visit to the Olympic gods in Lausanne,
where outside the Olympic Museum she unveiled Carl Fredrik
Reuterswärd's famous anti-violence symbol in cast bronze. To
the left, Victoria together with the head of the Olympic organi-
sation, Antonio Samaranche, at the moment of unveiling. The
large picture shows the Crown Princess delivering her speech to
among others the artist himself in the front row and Olof Sten-
hammar, who worked hard to bring a summer Olympic games
to Sweden.*

Victoria på FN-besök

Sveriges kronprinsessa får också utbildning i de stora
världsorganisationernas arbete. I november förra året
gjorde hon ett längre studiebesök på Förenta Natio-
nerna i New York, följde arbetet i FN-skrapan och möt-
te generalsekreteraren Kofi Annan.

*The Swedish Crown Princess is also getting an insight into the workings of
the major world organisations. Last November she paid a lengthy study visit
to the United Nations Organisation in New York, followed the work done in
the U.N. building and met the Secretary General Kofi Annan.*

I oktober invigde kronprinsessan den stora utställningen "Romerska speglingar" på Historiska museet i Stockholm. Kronprinsessan möttes av 14 romerska legionärer som hon sedan inspekterade. Totalt var det 21 europeiska museer från Neapel till Bergen som bidragit med material till utställningen. De små legionärerna som eskorterade Viktoria kom från Hedvig Eleonora skola.

In October the Crown Princess opened the big "Roman Reflections" exhibition in the Museum of National Antiquities in Stockholm. She was met by 14 Roman legionaries whom she then inspected. Altogether 21 European museums from Naples to Bergen contributed material to the exhibition. The little legionaries who escorted Victoria came from Hedvig Eleonora School.

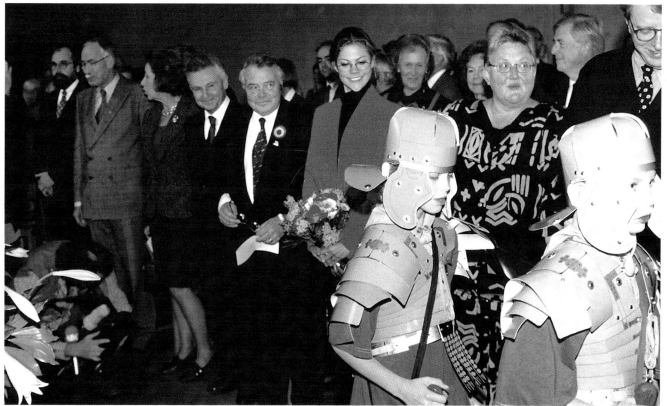

Prinsmedalj till
Sigvard Bernadotte

Svensk formgivnings grand old man Sigvard Bernadotte, prins av blodet och äldst i raden av Gustav VI Adolfs barn, fick i slutet av förra året den mycket ansedda prins Eugen-medaljen för sin framgångsrika formgivargärning. Mycket uppmärksammad blev också hans utställning på Nationalmuseum i Stockholm där en rad av hans skönt formgivna bruksföremål och skisser ställdes ut.

Här ser vi kronprinsessan Victoria titta på den välkända kaffepannan under formgivarens och hans maka Mariannes överinseende. På höger sida ses en märkbart glad pristagare motta prins Eugen-medaljen ur kung Carl Gustafs hand. Bland gratulanterna, vid detta tillfälle på Stockholms slott, var också drottning Silvia.

A PRINCE'S MEDAL FOR SIGVARD BERNADOTTE

Sigvard Bernadotte, the grand old man of Swedish design, prince of the blood and the oldest of King Gustav VI Adolf's children, was towards the end of last year awarded the highly esteemed Prince Eugen Medal for his successful work as a designer. His exhibition at the National Museum of Fine Arts in Stockholm, where many of his elegantly designed utility goods and drawings were shown, was a huge success.

The large picture shows Crown Princess Victoria looking at the well-known coffee pot together with the designer and his wife Marianne. Above a visibly pleased prize winner receives the Prince Eugen Medal from King Carl Gustaf. The ceremony took place at Stockholm Palace, and Queen Silvia was among the congratulators.

Boris Jeltsin på besök

I början av december 1997 kom "den ryska björnen" Boris Nikolajevitj Jeltsin till Stockholm på officiellt besök. Med sig hade han sin hustru Naina Jeltsina och ett uppbåd av medarbetare. Den ryske ledaren fick åka galavagn med kung Carl Gustaf, hälsa på drottning Silvia och kronprinsessan Victoria och inspektera hederskompaniet på Stockholms slott. Det är ingen hemlighet att Boris Jeltsin blev mycket imponerad och charmerad av de kungliga damerna.

At the beginning of December 1997 the "Russian Bear", Boris Nikolajevitj Jeltsin, came to Stockholm on an official visit. He was accompanied by his wife Naina Jeltsina and a large retinue. The Russian leader was able to ride in a state carriage together with King Carl Gustaf, pay a visit to Queen Silvia and Crown Princess Victoria and inspect the guard of honour at Stockholm Palace. It is no secret that Boris Jeltsin was greatly impressed and charmed by the royal ladies.

Under en lunch på Grand Hotel fick Boris Jeltsin och hans hustru Naina hälsa på författarinnan Astrid Lindgren, välkänd för många ryska barn. Pippis mamma tyckte att det var roligt att möta Boris, en man med en räv bakom örat, en rysk Emil i kolossalformat. Riksdagen talman Birgitta Dahl hjälpte till med kontakten.

Vid galamiddagen hade drottning Silvia och Boris Jeltsin åtskilligt att tala om, bl a kungaparets besök i Ryssland 1978. Kronprinsessan Victoria konverserade glatt med 1:e vice president Boris Nemtsow.

During a lunch at the Grand Hotel Boris Jeltsin and his wife Naina had an opportunity to meet the authoress Astrid Lindgren, who is familiar to many Russian children. Pippi Longstocking's mother thought it was fun to meet Boris, a man who always has some trick or other up his sleeve – almost an outsize Russian Emil. Speaker of the House Birgitta Dahl assisted at the meeting.

Queen Silvia and Boris Jeltsin had much to discuss at the gala dinner, among other topics the royal couple's visit to Russia in 1978. Crown Princess Victoria conversed cheerfully with First Vice-President Boris Nemtsow.

Bländande skön Victoria
på Nobelgala

1997 års nobelfestligheter blev på många sätt kronprinsessans stora evenemang för året. På bilden t v är hon på väg från Blå hallen till Gyllene salen tillsammans med statsminister Göran Persson. Victoria var utan tvekan galans vackraste unga kvinna.

Enligt traditionen tilldelas platsen bredvid litteraturpristagaren prinsessan fru Magnuson. Detta år var det den italienske dramatikern Dario Fo som förärats priset, ett val som uppskattades av många teaterälskare. Det blev en glad samvaro mellan prinsessan Christina och Dario Fo, som kan konsten att sätta fart på ett litterärt resonemang. På bilden t h ses Dario Fo och hustrun Franca Rames i samspråk med prinsessan Lilian.

The 1997 Nobel festivities were in many ways the principal event of the year for the Crown Princess. The picture to the left shows her on her way from the Blue Hall to the Gilded Hall together with Prime Minister Göran Persson. Victoria was unquestionably the most beautiful young lady at the gala.

By tradition the place next to the literature laureate is reserved for the Princess Mrs Magnusson. This year the prize went to the Italian dramatist Dario Fo, a choice that met with the approval of many theatre lovers. Dario Fo is an expert at getting a literary discussion going, and he and Princess Christina enjoyed each other's company. The picture to the right shows Dario Fo and his wife Franca talking with Princess Lilian.

Kung Carl Gustaf såg den spännande matchen

När Sverige i februari 1998 spelade en historisk ishockeymatch mot Finland under OS i Nagano var kungen på plats och han levde sig in i spelet, vilket framgår av bildsviten. Stora bilden togs när Finland slog in segerpucken och fastställde resultatet till 2-1.

When Sweden played a historic hockey match against Finland in the Nagano Olympic Games in February 1998 the King was a very interested spectator, as the pictures show. The large picture was taken when Finland scored the winning goal which gave it a 2-1 victory.

Till de kungliga plikterna hör också att bekanta sig med nykomlingarna på Skansen i Stockholm. Här får en av björnungarna i fjolårskullen kunglig kontakt.

Traditionsenligt inleddes firandet av kung Carl Gustafs födelsedag den 30 april på Stockholms slott med folklig hyllning på yttre borggården. På bilden överst till höger tackar kungen för hyllningarna, flankerad av drottning Silvia och prinsessan Lilian. På den nedre bilden ser vi hur en liten parvel får polisens hjälp att överlämna en bukett blommor till valborgsmässoaftonens kungliga jubilar.

One of the royal duties is to make the acquaintance of the new-born animals at Skansen in Stockholm. In this picture one of last year's bear cubs makes makes contact with royalty.

In keeping with tradition King Carl Gustaf started his birthday celebrations on 30 April by receiving the congratulations of the people gathered in the outer courtyard of the palace. The picture shows the King standing between Queen Silvia and Princess Lilian expressing his thanks to the birthday well-wishers. The lower picture shows a toddler being helped by the police to present a birthday bouquet to the King.

Kulturhuvudstadsåret har innehållit många angenäma aktiviteter med kungligt deltagande. I Rosendals trädgård hade man iscensatt en svunnen tid med ystra lekar och muntrationer.

Kultur av annat slag presenterades när kungen vid en gala i Berwaldhallen delade ut årets polarpris till världsartisten Ray Charles och sitarmästaren Ravi Shankar.

Royalty have taken part in many enjoyable events during the Culture Capital year. A past era was recreated in the gardens of Rosendal with boisterous games and other amusements.

Culture of a different kind was involved when at a gala staged in the Bergwald Hall the King presented this year's Polar Prize to the world-renowned Ray Charles and sitar virtuoso Ravi Shankar.

Värmande italienskt statsbesök

I början på maj kom president Oscar Luigi Scalfaro till Stockholm och möttes av kung Carl XVI Gustaf klädd i amiralsuniform. På slottet inspekterade den gästande presidenten ett grenadjärkompani tillsammans med sin värd. Efter kortege genom Stockholms centrum blev det officiell fotografering och utväxling av gåvor.

In early May President Oscar Luigi Scalfaro of Italy came to Stockholm and was met by King Carl Gustaf dressed in admiral's uniform. At the palace the visiting President inspected a company of grenadiers together with his host. Following a procession through the centre of Stockholm it was time for official photographs to be taken and gifts exchanged.

Galakvällen på Stockholms slott blev en glad tillställning med ett hundrafemtio gäster. Kung Carl Gustaf konverserade med presidentens dotter Marianna, psykolog till yrket och presidentparets enda barn. Drottning Silvia tog hand om presidenten och humöret var det som synes inget fel på.

På stora bilden ses drottning Silvia och prinsessan Lilian tillsammans med Marianna Scalfaro lämna välkomstmiddagen i Karl XI:s galleri.

The gala evening at Stockholm Palace was a happy occasion attended by 150 guests. King Carl Gustaf talked with the President's daughter Marianna, who is a psychologist by profession and the presidential couple's only child. Queen Silvia looked after the President and they were clearly in the best of spirits.

The large picture shows Queen Silvia and Princess Lilian together with Marianna Scalfaro leaving the reception dinner held in the Karl XI Gallery.

Argentinskt statsbesök

I maj kom Argentinas president Carlos S Menem på statsbesök och förde med sig en eldig stämning från Sydamerika. Han hade med sig dottern Zulema, en ung, parant dam som ofta ses i representativa sammanhang. Statsbesöket började med välkomsthälsning och galamiddag på slottet. I sitt tal påminde kung Carl XVI Gustaf om de många band som knyter samman Sverige och Argentina, t ex utvandringen från Sverige till Argentina i början av 1900-talet och den svenskkoloni som grundades bl a i Misiones. Där finns fortfarande en grupp svenskar som upprätthåller de svenska traditionerna.

På stora bilden ses drottning Silvia och prinsessan Lilian när de tillsammans med presidentdottern Zulema Menem anländer till den argentinska svarsmiddagen på Grand Hotel i Saltsjöbaden.

In May Argentine's President Carlos S Menem paid a state visit and brought a fiery South American atmosphere with him. He was accompanied by his daughter Zulema, a stylish young lady who frequently acts in a representational capacity. The visit started with a speech of welcome and a gala dinner at the palace. In his speech King Carl Gustaf called to mind the many ties linking Sweden and Argentina, such as the wave of emigration from Sweden to Argentina in the early 1900s and the Swedish colony established in Misiones, where a number of Swedes still preserve the old Swedish traditions.

The large picture shows Queen Silvia and Princess Lilian as they arrive with the President's daughter Zulema Menem at the Grand Hotel in Saltsjöbaden, where a reciprocal dinner was given by the Argentinian visitors.

Glad släktträff när Margaretha gifte bort Sibylla

Ofta skall det till ett riktigt bröllop för att släkter skall mötas. Den regeln gäller också kungligheter, vilket besannades på sommarens bröllop i Schäftlarns klosterkyrka nära Starnbergersee söder om München. Bruden är Sibylla Ambler, dotter till prinsessan Margaretha och John Ambler. Hon sa, ja, till Cornelius von Dincklage inför hela släkten som var på plats. Den enda som saknades var kronprinsessan Victoria som valt att stanna i USA till kort före sin 21-årsdag, som firades på Öland.

På bilden till vänster gratulerar kung Carl Gustaf och drottning Silvia det lyckliga brudparet. Och så fotograferades det – alla ville vara med på de familjehistoriska bilderna. Kungen passade också på att ge bruden en välgångskyss.

It often takes a really big wedding to bring families together. This rule also applies to royalty, and was borne out at the summer wedding in Schäftlarn monastery church near Starnbergsee to the south of Munich. The bride was Sibylla Ambler, daughter of Princess Margaretha and John Ambler. She said yes to Cornelius von Dincklage in the presence of all their relatives. The only person who was absent was Crown Princess Victoria, who chose to remain in the U.S.A. until shortly before her 21st birthday, which was later celebrated on the island of Öland.

The picture to the left shows King Carl Gustaf and Queen Silvia congratulating the happy bridal couple. And then it was time for the photographs – historic pictures for the family albums in which everybody wished to figure. The King took the opportunity of giving the bride a congratulatory kiss.

Ovan, brudparet med alla kusiner samlade och på bilden under fyra systrar från Haga, prinsessorna Christina, Margaretha, Birgitta och Désirée. Till höger brudens föräldrar John Ambler och prinsessan Margaretha.

Above: The bridal couple and all their cousins.

Left: Four sisters from Haga, the princesses Christina, Margaretha, Birgitta and Désirée.

Right: The bride's parents John Ambler and princess Margaretha.

Efter bröllopet i klosterkyrkan
for brudparet iväg med cham-
pagnen bubblande i glasen.

På den undre bilden ser man
prinsessan Birgitta med dottern
Désirée, svärsonen Heinrich
samt deras barn Carl Theodor,
Carolina och Fredrik.

Till höger, prinsessan Marga-
retha, brudens mor och drott-
ning Silvia i samspråk.

*After the wedding in the monastery church
the bridal couple left with champagne bubbling
in their glasses.*

*Left: Princess Birgitta with her daughter
Désirée, son-in-law Heinrich and their
children Carl Theodor, Carolina and Fredrik.*

*Right: Princess Margaretha, the bride's
mother, and Queen Silvia enjoying a quiet
chat.*

Victoria hemma i Sverige

Sällan har en svensk kunglighet varit så efterlängtad som kronprinsessan Victoria. Efter ett studieår i Amerika på Yaleuniversitetet kom hon hem till en fager sommar på Öland, en plats på jorden som hon älskar. Kanske var det därför som hon gjorde tummen upp så glatt.

Few members of Swedish royalty have been longed for as keenly as Crown Princess Victoria. After studying for a year in America at Yale University she came home to a pleasant summer on the island of Öland, a place on earth that she really loves. Perhaps that is why she looked so cheerful when she gave the thumbs up.

Kronprinsessans födelsedag den 14 juli 1998 fira-
des på sedvanligt sätt med uppvaktningar vid som-
marslottet Solliden. Där ledde pappa Carl Gustaf
och mamma Silvia födelsedagssången och utbring-
ade ett fyrfaldigt leve för sin dotter som fyllde 21 år.

*The birthday on 14 July 1998 was celebrated in the customary way
with tributes and congratulations from well-wishers at the Solliden
summer palace. Victoria's parents led the singing and the cheering for
their daughter on her birthday.*

Kronprinsessan Victoria anlände till födelsedagsfirandet i Borgholm tillsammans med prinsessan Lilian och syskonen Madeleine och Carl Philip. På nedre bilden delar kronprinsessan ut årets Victoriastipendium till världsstjärnan i skidskytte Magdalena Forsberg. Vid samma tillfälle fick kronprinsessan motta en

check på 2,8 miljoner kronor som samlats in av Radiohjälpen till Victoriafonden. Pengarna går till välgörande ändamål. Magdalena Forsberg hade också med sig ett par skidor till Victoria som tycktes bli riktigt glad. "Jag har faktiskt saknat skidåkning i USA", sa hon och gick stolt iväg med sin present, som säkert kommer väl till pass i vinter.

Sveriges kronprinsessa Victoria sommaren 1998.

Sweden's Crown Princess Victoria, summer 1998.

Previous page:
Crown Princess Victoria arrived for the birthday celebrations at Borgholm
together with Princess Lilian, her sister Madeleine and brother Carl Philip.
In the lower picture the Crown Princess presents this year's Victoria Scholar-
ship to the world-class star in the combined skiing and shooting event, Mag-
dalena Forsberg. At the same time the Crown Princess accepted a cheque for
2.8 million Crowns collected for the Victoria Fund by the Radiohjälpen
charitable organisation. The money is used to fund benevolent work.
Magdalena Forsberg also had a pair of skis for Victoria, who appeared to be
genuinely glad to get them. She said, "I've really missed skiing in the U.S.A.",
and walked off proudly with her present which will certainly be well used this
winter.

©

BOBBY ANDSTRÖM AND
BOKFÖRLAGET NATUR OCH KULTUR
STOCKHOLM 1998

PHOTOS BY ERHAN GÜNER
AND FLT-PICA
ANDERS WIKLUND   MARK EARTHY
LEIF R JANSSON   ULF PALM
CLAUDIO BRESCIANI   JANERIK HENRIKSSON

ENGLISH TRANSLATION BY
WILLIAM PLUMRIDGE

PRODUCED BY
ANDERS RAHM BOKPRODUKTION
STOCKHOLM
PRINTED AND BOUND BY
PROOST INTERNATIONAL BOOK PRODUCTION
TURNHOUT, BELGIUM 1998

ISBN 91-27-07007-7

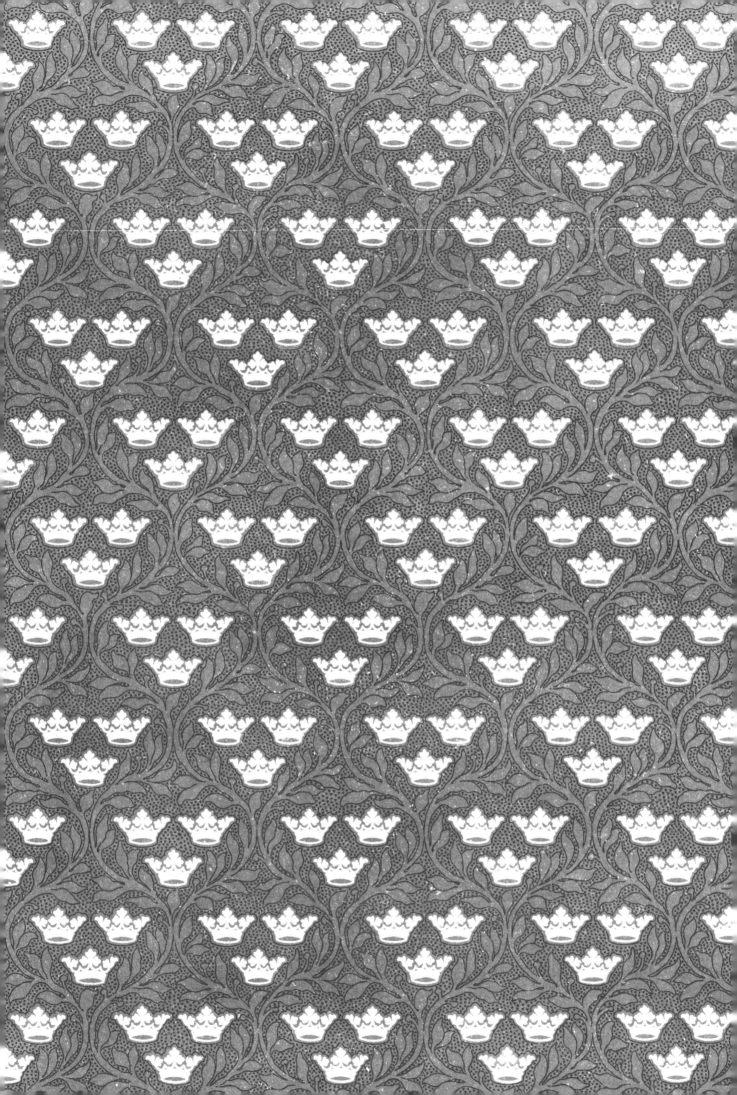